AUSTRIA IMPERIAL EDITION
PORTRAIT EINES LEBENS



# Kaiserin Elisabeth von Österreich 1837-1898

*Das Schicksal einer Frau in den Zwängen des kaiserlichen Hofes*

EINE DOKUMENTATION MIT 130 BILDERN

Renate Hofbauer

# VORWORT

Kaiserin Elisabeth – oder Sisi, wie Franz Joseph sie nannte – war schon zu Lebzeiten ein Mythos. Dafür gibt es viele Gründe. So etwa ihre Aufsehen erregende Erscheinung, gepaart mit einer besonderen Scheu vor der Öffentlichkeit. Oder die fast übertrieben anmutende Pflege ihrer Schönheit gegenüber der selbstbewussten Weigerung, sich in anderen Dingen den geforderten weiblichen Rollenmustern anzupassen. Dazu gehört ihre natürliche Herzlichkeit im Umgang mit Menschen, die sie schätzte, aber auch die oftmalige und absichtliche Brüskierung der Wiener Hofgesellschaft. Ihre seltene Anwesenheit bei offiziellen Anlässen, ihr Bemühen um beständige Jugend und besonders ihre tragische Ermordung trugen dazu bei, eine Aura des Geheimnisvollen um sie zu schaffen, die uns bis heute fasziniert und berührt.

Austria Imperial Edition
Renate Hofbauer
Kaiserin Elisabeth von Österreich 1837 – 1898
Layout: Atelier Olschinsky, Wien
Produktion: Lindenau Productions GmbH, Wien. Printed in Austria - Druckerei Berger, 3580 Horn

ISBN 3-902196-00-9

# INHALT

# PRINZESSIN IN BAYERN ...

Elisabeth war eine in vieler Hinsicht außergewöhnliche Frau mit einem außergewöhnlichen Leben und Schicksal. Schon ihr Geburtstag fiel auf ein ganz besonderes Datum, nämlich den 24. Dezember des Jahres 1837. Ob jedoch der Zahn, den sie schon bei ihrer Geburt hatte, tatsächlich ein Glückszahn war, wie es damals hieß, bleibt dahingestellt.

Sie war eines von acht Kindern des Herzogspaares Ludovika und Max in Bayern. Ihre Kindheit verbrachte sie recht unbeschwert jenseits von Konventionen und Etikette – beinahe wie eine Bürgerliche. Sicher litt sie aber unter der wenig harmonischen Ehe ihrer Eltern und träumte für ihr eigenes Leben von erfüllter Liebe und Glück. Ihre Mutter Ludovika war schon bald eine verhärmte Frau, die alleine die Last der Verantwortung für die Kinder und den herzoglichen Haushalt zu tragen hatte. Der Vater zog es vor, sein Leben auf seine Weise zu genießen: Reisen, Liebschaften, Trinkgelage und die Beschäftigung mit seinen sonstigen Leidenschaften wie Kunstreiten und die Jagd. Elisabeths Lieblingsaufenthalt war das Sommerschloss von Possenhofen am Starnberger See. Dort lernte sie bergsteigen, fischen, reiten, schwimmen und ihren Blick für die Schönheit der Natur. Ihre Sportlichkeit und die Liebe zur Umwelt behielt sie ihr Leben lang.

*In diesem Kleid wurde die kleine Prinzessin 2 Tage nach ihrer Geburt auf die Namen Elisabeth Amalia Eugenia getauft.*

*Elisabeths Eltern, Herzog Max und Herzogin Ludovika in Bayern. Ludovika stammte aus dem bayrischen Königshaus.*
*Über diese Verwandtschaft war Sisi die Großcousine des späteren Bayernkönigs Ludwig II. Ludovikas Schwester Sophie war mit dem österreichischen Erzherzog Franz Karl verheiratet. Diese beiden waren die Eltern Franz Josephs.*

*In der Winterresidenz, dem Palais Max in München, wurde Elisabeth als drittes Kind des Herzogspaares in Bayern geboren.*

*Die Sommermonate verbrachte die herzogliche Familie in Possenhofen am Starnberger See. Inmitten einer wunderschönen Landschaft erlebte Elisabeth fröhliche und unbeschwerte Zeiten mit ihren Geschwistern und anderen Kindern aus der Umgebung.*

*Herzogin Ludovika mit den Kindern (von links) Sophie, Mathilde, Carl Theodor und Max Emanuel. Elisabeth flüchtete später oft in die Geborgenheit ihrer Familie zurück.*

# KAISER SUCHT KAISERIN

Als Erzherzogin Sophie es an der Zeit fand, dass ihr Sohn, der junge Kaiser Franz Joseph von Österreich, heiraten sollte, begab sie sich auf Brautsuche. Ihre Wahl fiel schließlich auf Helene in Bayern. „Néné", wie diese genannt wurde, war die erste Tochter ihrer Schwester Ludovika. Die jüngere Elisabeth war zu der Zeit ein pubertierender Wildfang von 15 Jahren, hatte gerade ihren ersten Liebeskummer und die sonstigen für ihr Alter üblichen Probleme. Um sie auf andere Gedanken zu bringen und auch, um sie Franz Josephs jüngerem Bruder in Erinnerung zu rufen, durfte sie auf die Verlobungsreise ihrer Schwester in die kaiserliche Sommerfrische Bad Ischl mitfahren.

Gerade Elisabeths spontane Natürlichkeit und ihr ungekünsteltes Auftreten wirkten auf den 23-jährigen Kaiser wie ein Zauber. Er übersah Helene im wahrsten Sinne des Wortes und verliebte sich augenblicklich in Sisi, wie er sie später zu nennen pflegte. Zwei Tage nach ihrer ersten Begegnung stand die Verlobung fest. Die blutjunge Prinzessin wurde von den Ereignissen überrollt: Sie hatte sich Hals über Kopf in den jungen, feschen Cousin verliebt und fühlte sich zweifellos durch seine Werbung überaus geschmeichelt. Dennoch hatte sie Vorahnungen, dass ihre Stellung an seiner Seite nicht gerade unbeschwert sein würde. „Wenn er nur ein Schneider wäre", seufzte sie und bewies damit, dass sie ihn als Mann ehrlich liebte und ihr der Aufstieg zur Kaiserin eher belastend als erstrebenswert erschien. Der Entscheidung Franz Josephs gegenüber konnte es jedoch keine Bedenken geben. „Einem Kaiser gibt man keinen Korb", stellte ihre Mutter Ludovika fest, und damit war das letzte Wort gesprochen.

Sisi gab Franz Joseph aus Liebe ihr Wort und hatte den besten Vorsatz, ihm eine gute Ehefrau und Gefährtin zu sein. Folgendes Gedicht, das sie schrieb, als sich ihre Liebe zu ihm längst in Verbitterung verwandelt hatte, beweist das anfängliche Glück des Paares:

Ich brauch die Zeit dir nicht zu nennen,
Die uns so innig einst vereint,
Und die wir nie vergessen können,
So endlos fern sie jetzt auch scheint.

Wohl hatt' ich Kämpfe zu bestehen,
Und manches bittre Leid seither;
Doch unsre Liebe sterben sehen,
Nichts andres traf mein Herz so schwer.

*Es war Liebe auf den ersten Blick, als der junge Franz Joseph seiner Cousine Elisabeth gegenüberstand.*

*In der Sommerfrische Bad Ischl fand die erste Begegnung und zwei Tage später die Verlobung zwischen Franz Joseph und Elisabeth statt. Die Villa machte ihnen Erzherzogin Sophie zum Hochzeitsgeschenk.*

*Dieses Bild auf Porzellan zeigt das frisch verlobte junge Paar.*

1853

*Trotz ihrer Verliebtheit hatte Sisi quälende Vorahnungen von ihrer Zeit am Hof in Wien und sah bereits während ihrer Brautzeit oft sehr ernst aus.*

*Das Kleid, das Sisi bei der Abschiedsfeier in Bayern trug. Es wird als „Polterabendkleid" bezeichnet.*

# DIE HOCHZEIT - TRAUM ODER ALBTRAUM

Nach einem dreiviertel Jahr Verlobungszeit verließ Elisabeth am 20. April 1854 ihr Heimatland Bayern. Per Donauschiff reiste die Hochzeitsgesellschaft nach Wien. Wo immer sie vorbei kam, harrten Menschenmengen, die die Braut sehen wollten, und bei jeder Station gab es pompöse Festlichkeiten. Drei Tage später legte ihr Schiff in Nußdorf bei Wien an. Hier erwarteten sie viel Protokoll und ermüdende Zeremonien.

Endlich, am 24. April fand die Hochzeit in der Wiener Augustinerkirche statt. Für Sisi war es kein romantisches Erlebnis. Vielmehr erinnerte sie sich immer mit Schrecken an die erschöpfenden und steifen Feierlichkeiten, das Ausgeliefertsein an die starrende Menge und die Preisgabe der intimsten Dinge ihres Lebens an die Öffentlichkeit. Sie hatte in der Verlobungszeit zwar „viel und verschiedenes" gelernt – höfisches Benehmen, Konversation, Kleidungsvorschriften, Protokoll –, die Wirklichkeit erdrückte sie aber jetzt. Mehrmals brach die junge Braut während dieser Tage verzweifelt in Tränen aus.

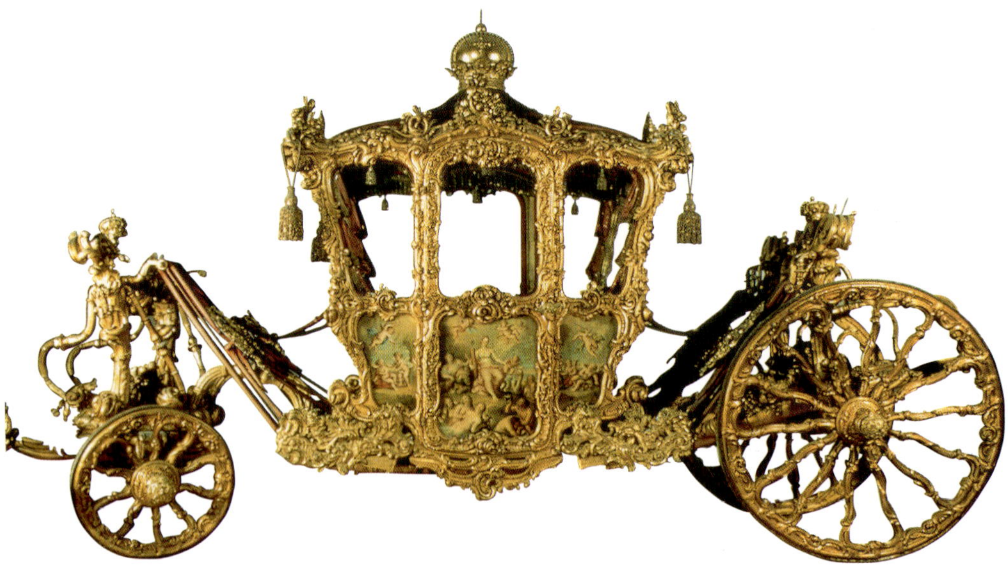

*Elisabeth als 16-jährige Braut*

*Die Augustinerkirche war für die Hochzeit von 15.000 Kerzen beleuchtet und mit roten Samtdraperien geschmückt.*

*Am 24. April 1854 um 19 Uhr begann die Hochzeitsmesse. Der Wiener Erzbischof traute Franz Joseph und Elisabeth unter der Mitwirkung von 70 hohen Geistlichen.*

*Modellzeichnung von Elisabeths Brautkleid. Wie es genau aussah, ist nicht überliefert. Sicher ist aber, dass es weiß war. Damit wurde es Mode, in Weiß zu heiraten.*

*In der Schatzkammer der Wallfahrtskirche Maria Taferl in der Wachau wird dieses Messgewand aufbewahrt, dessen Stickereien der Überlieferung nach von Sisis Brautkleid stammen.*

# SCHATTEN ÜBER DER JUNGEN EHE

Als schüchternes junges Mädchen fand sich Elisabeth nun plötzlich ständiger Beobachtung – und vor allem – beißender Kritik ausgesetzt. Ihre Unerfahrenheit und Unsicherheit, die in ihrer Erziehung begründet waren, stempelten sie vor den Augen der Hofkamarilla zum hübschen Dummerchen ab. Mit strenger Hand versuchte Erzherzogin Sophie, die ihrer Meinung nach mangelhafte Erziehung der jungen Frau nachzuholen. Schon in den Flitterwochen in Schloss Laxenburg überhäufte sie ihre Nichte mit Anordnungen, Benimmregeln und scharfen Worten. Sisi war ihr alleine ausgeliefert, denn Franz Joseph verbrachte die Zeit tagsüber mit Regierungsgeschäften in der Wiener Hofburg. Elisabeth durfte sich keine Hofdame ihres Vertrauens wählen, sondern ihr gesamter Hofstaat wurde von Sophie ausgesucht und musste dieser regelmäßig Bericht über jedes Wort der jungen Kaiserin erstatten. Sophie schnüffelte sogar in Sisis Tagebüchern. Die darin niedergeschriebenen Gefühle von Einsamkeit und Heimweh verstand sie nicht als Hilferuf nach Liebe und Verständnis, sondern interpretierte sie als Unerhörtheit gegenüber ihrem Sohn und reagierte mit Strenge.

Sisi wandte sich Hilfe suchend an ihren kaiserlichen Gemahl, doch er ließ sie im Stich. Sophie war bekannt als „der einzige Mann bei Hof", und auch Franz Joseph ging lieber den Weg des geringsten Widerstandes, indem er von Elisabeth Gehorsam gegenüber seiner Mutter forderte. Die Fähigkeit, Gefühle auszudrükken und danach zu handeln, war schon längst dem Drill seiner Erziehung zum Opfer gefallen. Er hatte nichts anderes gelernt, als die Erfüllung seiner Stellung als von Gottes Gnaden berufener Monarch. Diesem Zweck hatte sich auch seine Umgebung zu unterwerfen. Sisi war schon in den ersten Wochen ihrer Ehe oft sehr verzweifelt.

*Erzherzogin Sophie war zugleich Tante und Schwiegermutter der jungen Kaiserin Elisabeth.*

*Im „Blauen Hof“ von Schloss Laxenburg südlich von Wien verbrachte Sisi ihre Flitterwochen. Die meiste Zeit war sie nur in Gesellschaft ihrer Schwiegermutter und der Hofdamen. Erzherzogin Sophie nutzte die Gelegenheit, um mit der Erziehung der jungen Frau zur Kaiserin zu beginnen. Ihre Traurigkeit brachte Elisabeth in Gedichten zu Papier. Das folgende schrieb sie vierzehn Tage nach der Hochzeit:*

*Oh, dass ich nie den Pfad verlassen,*
*Der mich zur Freiheit hätt' geführt.*
*Oh, dass ich auf der breiten Straßen*
*Der Eitelkeit mich nie verirrt!*

*Ich bin erwacht in einem Kerker,*
*Und Fesseln sind an meiner Hand.*
*Und meine Sehnsucht immer stärker –*
*Und Freiheit! Du, mir abgewandt!*

*Ich bin erwacht aus einem Rausche,*
*Der meinen Geist gefangen hielt,*
*Und fluche fruchtlos diesem Tausche,*
*Bei dem ich Freiheit! Dich – verspielt.*

*Ihren Mann sah die junge Kaiserin sogar in den Flitterwochen nur selten, und es gab in Wirklichkeit wenig Gelegenheit für idyllische Spaziergänge, wie auf dieser Lithographie dargestellt.*

*Sisi litt sehr darunter, mit ihrem Mann kaum ungestört alleine sein zu können. Das Protokoll und die Politik hatten bei ihm immer Vorrang.*

*In der prunkvollen, aber steifen Atmosphäre der Wiener Hofburg kam sich Sisi verloren und einsam vor.*

*Schloss Schönbrunn, die kaiserliche Sommerresidenz. Für Sisi war es nur eines der goldenen Gefängnisse in Wien.*

*Das gemeinsame Schlafzimmer des Kaiserpaares in Schönbrunn. Die Einrichtung aus Palisanderholz war ein Hochzeitsgeschenk der Wiener Tischlerinnung.*

*Elisabeth stand nur ungern Modell. Die meisten Maler, die sie portraitierten, mussten nach Fotografien oder aus der Erinnerung malen. Für Franz Schrotzberg machte sie eine Ausnahme. Daher darf dieses Bild der jungen Kaiserin als eines angesehen werden, das ihrem wirklichen Aussehen weitgehend entspricht.*

*In ihren jungen Jahren trug Elisabeth im Gegensatz zu späteren Zeiten gerne weiße oder helle Kleider.*

# EIN KIND STIRBT

Ein knappes Jahr nach der Hochzeit gebar die junge Kaiserin ein Mädchen, das nach Franz Josephs Mutter Sophie getauft wurde. Im nächsten Jahr schenkte sie Franz Joseph die Tochter Gisela. Obwohl es Mädchen waren, die ja nicht auf ihre Aufgaben als künftiger Regent vorbereitet werden mussten, durfte Sisi die Kinder nicht in ihrer Obhut behalten. Sie hatte sie zwar geboren, für die Erziehung jedoch sei sie noch zu jung, erklärte Sophie und entzog die Kinder dem Einfluss der Mutter. Elisabeth sagte später: „Meine Kinder hat man mir sofort weggenommen. Es war mir nur dann erlaubt, die Kinder zu sehen, wenn Erzherzogin Sophie die Erlaubnis dazu gab. Sie war immer anwesend, wenn ich die Kinder besuchte. Endlich gab ich auf und ging nur noch selten hinauf." Sisis Flehen um eine Intervention des Kaisers bei Sophie verhallte wie ungehört. Erst auf einer gemeinsamen Reise, weit weg vom Wiener Hof, erreichte Sisi endlich, dass der Kaiser sich für seine Frau einsetzte und sie wieder mehr mit den Kindern zusammensein konnte. Mittlerweile in offener Opposition zu ihrer Schwiegermutter, setzte Sisi sogar durch, die beiden Kleinen auf Reisen mitzunehmen.

Auf einer Reise durch Ungarn kam es zu einer persönlichen Tragödie für das Kaiserpaar: Beide Mädchen erkrankten an Durchfall und Fieber. Die zehn Monate alte Gisela war bald wieder wohlauf, die zweijährige Sophie jedoch starb nach einem elfstündigen Todeskampf in den Armen ihrer Mutter. Nicht genug des Leides: Elisabeth wurde sogar noch die indirekte Schuld am Tod ihres Kindes zugeschrieben. Nach allem, was sie schon mitgemacht hatte, brach Sisi nun zusammen. Es war zuviel für die 19-jährige Kaiserin. Zum ersten Mal zeigten sich physische und psychische Symptome, die im Laufe ihres Lebens immer wieder in Krisensituationen auftauchen sollten: Wochen- und monatelang zog sie sich völlig zurück, sperrte sich ein und weinte den ganzen Tag. Oder sie verbrachte viele Stunden mit Ausritten bis zur totalen Erschöpfung, um an nichts mehr denken zu müssen. Obendrein aß sie fast nichts mehr. Ihr seelischer und körperlicher Gesundheitszustand wurde bedenklich. Dies zeigte sich insbesondere darin, dass sie nun sogar im Kampf um ihr zweites Kind resignierte. In der Folge entfernte sie sich auch gefühlsmäßig von Gisela und nahm kaum Anteil an ihrer weiteren Entwicklung. Die Elisabeth sonst treuergebene Hofdame Marie Festetics bemerkte später in ihren Tagebüchern, dass sich die Kaiserin nicht einmal an den Hochzeitsvorbereitungen für ihre älteste Tochter beteiligte. Ein ähnliches Verhaltensmuster zeigte Sisi später auch gegenüber ihrem einzigen Sohn Rudolf, der gleichfalls bald nach der Geburt in die Hände der Schwiegermutter übergeben werden musste.

*Das junge Kaiserpaar mit dem ersten Kind, der kleinen Sophie (1855–1857).*

*Ein rührendes Detail aus einem offiziellen Portrait der 26-jährigen Kaiserin: Elisabeth trägt das Bildnis ihrer verstorbenen Tochter am Armband.*

*Die kaiserlichen Eltern mit den Töchtern Sophie und Gisela.*

*Sisi mit der zweijährigen Gisela und dem neugeborenen Rudolf. An der Wand hängt ein Bildnis der im Jahr zuvor verstorbenen ersten Tochter Sophie.*

*Eine Darstellung der kaiserlichen Familie …*

*von links: Sophie mit Gisela, Franz Karl (der Vater Franz Josephs), Elisabeth, Franz Joseph und die kleine Sophie.*

*… und eine Fotografie, die wenige Jahre später entstand. Von links, stehend: Franz Joseph, sein Bruder Ferdinand Maximilian, dessen Frau Charlotte und die Brüder Carl Ludwig und Ludwig Viktor. Sitzend: Elisabeth mit Rudolf, Erzherzogin Sophie, dazwischen Gisela, ganz rechts Franz Karl.*

*Obwohl Elisabeth stets ihr Unglück beweinte, so jung geheiratet zu haben, suchte sie sehr bald einen Mann für Gisela. Mit sechzehn Jahren heiratete diese Prinz Leopold von Bayern. Die Ehe war aber sehr glücklich, und die beiden wurden Eltern von vier Kindern.*

*Die Tochter Gisela (1856–1932) sah mehr ihrem Vater ähnlich und hatte auch dessen anspruchslose Art geerbt.*

# KRONPRINZ RUDOLF – DER EINZIGE SOHN

Die Monarchie brauchte immer noch einen Thronfolger. Elisabeth brachte ihn 1858 zur Welt: Er wurde auf den Namen Rudolf getauft. Von der Geburt erholte sie sich diesmal nur langsam und schwer. Auch dieses Kind musste sie der Schwiegermutter überlassen und durfte nie eine echte Mutter-Kind-Beziehung zu ihm aufbauen.

Kronprinz Rudolf war ein intelligentes und sehr sensibles Kind. Außerdem war er kränklich und hätte besonders viel Zuwendung gebraucht. Zu seinem sechsten Geburtstag wurde er von seiner herzlich geliebten Schwester getrennt, und Franz Joseph bestimmte Graf Gondrecourt zu seinem Erzieher. Dieser hatte den Auftrag, aus Rudolf einen „guten Soldaten" zu machen. Zu diesem Zweck wurde der kleine Kronprinz unerbittlichen, oft geradezu grausamen Ertüchtigungsmethoden ausgesetzt. Manche Folgen dieser Abhärtungsstrategien machten ihm lebenslang zu schaffen. Nichts und niemand vermochte den Kaiser dazu zu bringen, Mitleid mit seinem kleinen Sohn zu haben. Wasserkuren und Erschrecken hätten bald einen „Trottel" aus ihm gemacht, wenn nicht sein Leben gekostet, wie Elisabeth und die Hofdame Marie Festetics bemerkten. Nun schritt Elisabeth ein, diesmal auf ungeahnt energische Art. Sie richtete ein Ultimatum an den Kaiser: Entweder er überließe ihr die Kindererziehung in allen Belangen, oder sie würde ihn verlassen. Dies tat seine Wirkung: Gondrecourt wurde aus seiner Position entlassen, und Rudolfs Erziehung in die Hände von größtenteils bürgerlichen, liberal gesinnten Lehrern gelegt, die von Elisabeth ausgesucht wurden. Entscheidend für ihre Auswahl war nun nicht ihre adelige Abstammung oder militärischen Verdienste, sondern allein ihre fachliche Qualifikation. Diese Erzieher halfen mit, aus Rudolf einen umfassend gebildeten, kritikfähigen und liberal denkenden Menschen zu machen, ganz wie Elisabeth das gewünscht hatte.

Rudolf war zeitlebens seiner Mutter für ihr rigoroses Einschreiten dankbar. Ansonsten hatte er, wie seine Schwester Gisela, kaum Zugang zu ihr. Er entwikkelte eine scheue Ehrfurcht und ritterliche Bewunderung für sie. Über persönliche Angelegenheiten mit ihr zu sprechen, brachte er aber nie fertig. Elisabeth schien sich auch nicht dafür zu interessieren. So traf sie auch sein späterer Selbstmord wie ein Blitz aus heiterem Himmel. Nie hätte sie so schwerwiegende Probleme in seiner Seele vermutet (siehe dazu Kapitel „Die Tragödie von Mayerling").

*Kronprinz Rudolf (1858–1889) sollte nach Franz Josephs Wunsch in erster Linie ein „guter Soldat“ werden, d. h. gehorsam, furchtlos und patriotisch. Elisabeth verhinderte, dass er fast zu Tode gedrillt wurde.*

*Rudolf und seine Frau Stephanie von Belgien begegnen Elisabeth und Franz Joseph bei einem Spaziergang in Laxenburg. Die Ehe des Kronprinzenpaares, die geschlossen wurde, als er zweiundzwanzig und sie sechzehn Jahre alt war, machte beide unglücklich. Nach der Geburt einer Tochter, die Elisabeth getauft wurde, übertrug Rudolf seiner Frau eine Geschlechtskrankheit, die ihr die Empfängnis weiterer Kinder unmöglich machte.*

*Rudolf hatte die Sensibilität und Freiheitsliebe seiner Mutter geerbt und war ein Vertreter demokratischer Gesinnung.*

# DIE SEELE WEHRT SICH

Sisi musste in den ersten Jahren ihrer Ehe – noch dazu in jungen, sehr verletzlichen Jahren – sehr, sehr viel ertragen. Dass ihr Seelenzustand immer angegriffener wurde, ist allzu verständlich. Obendrein erfuhr sie nach Rudolfs Geburt, dass ihr Mann sie betrog. Damit war das Maß voll: Hals über Kopf verließ sie zusammen mit Gisela Wien in Richtung Possenhofen, zu ihrer Familie. Sie war nun zweiundzwanzig Jahre alt, hatte in vier Jahren drei Kinder geboren und eines davon wieder verloren. Für die Liebe und Verehrung, die sie ihrem Mann entgegenbrachte, war sie schlecht entlohnt worden. Inmitten der intriganten Hofgesellschaft hatte sie große Einsamkeit gelitten und befand sich in einem nicht enden wollenden Nervenkrieg mit ihrer Schwiegermutter. All dies äußerte sich bereits in schwerwiegenden körperlichen Problemen. Unter anderem litt Elisabeth unter andauerndem Husten, und es war die Rede von einer nicht näher definierten Lungenkrankheit. Die Schwierigkeiten bei der Diagnosestellung und die fruchtlosen Behandlungsversuche der Krankheitssymptome weisen auf psychosomatische Ursachen hin. Jedenfalls wurde eine mehrmonatige Kur auf Madeira dringend angeraten. Sisi nahm geradezu dankbar an. Alles war ihre recht, um dem Wiener Hof zu entkommen.

Dieser Aufenthalt sollte der Beginn eines rast- und ruhelosen Umherreisens werden, das Elisabeth zeit ihres Lebens wie eine Flüchtende betrieb. Zwei Jahre war sie fast ohne Unterbrechung vom Wiener Hof abwesend. Nach Madeira hielt sie sich auf Korfu, in Venedig, Bad Kissingen und schließlich Possenhofen auf. Diese Periode war für ihre Selbstfindung entscheidend.

*Selbst die Aufmachung für eine offizielle Fotoserie kann nicht über Sisis mitgenommenen Zustand hinwegtäuschen.*

*Der Kaiser überhäufte seine Frau zwar mit Schmuck. Was ihr aber schmerzlich abging, war seine Nähe und das Gefühl der Geborgenheit in ihrer Ehe.*

*Hier sehen wir einige Stücke, die aus Smaragden und Juwelen der Kaiserin Maria Theresia (1740-1780) gefertigt wurden.*

*Diese Fotografie zeigt das Leid in Elisabeths Gesicht geschrieben. Trotz ihres jugendlichen Alters sieht sie plötzlich ihrer früh verhärmten Mutter sehr ähnlich.*

# DER WEG ZUR MAGERSUCHT

Durch ihre Verlobung mit dem Kaiser von Österreich wurde Sisi als blutjunges Mädchen jäh und unvorbereitet aus der Geborgenheit ihrer Umgebung herausgerissen. Sie war in jeder nur denkbaren Hinsicht unerfahren, dafür aber ehrlich, spontan, idealistisch und vor allem sehr schüchtern. Innerhalb weniger Monate sollte sie nun am Kaiserhof von Wien Ehefrau, Mutter und erste Frau des Reiches werden.

Der Zeitpunkt der Verlobung lag mitten in ihrer Pubertät. Aufgrund des Zeitgeistes ist anzunehmen, dass sie unaufgeklärt in die Ehe geschickt wurde. Ob Franz Joseph, der schon sexuelle Erfahrung gesammelt hatte, dafür Einfühlungsvermögen besaß, ist fraglich. Jedenfalls wurde die Ehe erst in der dritten Nacht vollzogen, was dem gesamten Hofstaat bekannt war. Erzherzogin Sophie ließ sich beim gemeinsamen Frühstück regelmäßig Bericht über das Intimleben der jungen Eheleute erstatten, wobei sie Sisi unter Druck setzte, „sich nicht zu schonen". Ein Thronfolger sollte schließlich so schnell wie möglich her. Ebenso nötigte Sophie die junge Frau während ihrer Schwangerschaften, sich möglichst oft in der Öffentlichkeit zu zeigen, was in der damaligen Zeit den Gipfel der Peinlichkeit darstellte.

Die Kinder, und somit eine der wichtigsten Quellen für Glück und Erfüllung, wurden Sisi gleich nach der Geburt entzogen. Der Kampf um sie wurde durch den Tod der kleinen Sophie beendet. Um nicht noch mehr leiden zu müssen, bemühte sich Elisabeth, eine gefühlsmäßige Distanz zu ihrer zweiten Tochter Gisela (und später zum Sohn Rudolf) zu erreichen. Plötzlich gab sie im Tauziehen um die Erziehung der Kinder nach. All dies führte dazu, dass sie schon in jungen Jahren oft Todessehnsucht verspürte.

Dazu kam, dass sie den Intrigen, dem Klatsch, der boshaften Kritik, dem steifen Hofzeremoniell und der ständigen Beobachtung nicht gewachsen war. Sie fühlte sich von den Erwartungen, die an sie gestellt wurden, überfordert, zumal ihr auch wirklich niemand half, mit ihrer neuen Position fertig zu werden.

Die schlimmste Erfahrung für die verzweifelte junge Frau war sicherlich, dass der von ihr geliebte und angehimmelte Mann nicht für sie da war, ja ihre Probleme und Nöte nicht einmal erkannte. Sie hatte an die große Liebe geglaubt, als sie heiratete, und musste nun erkennen, dass ihre Schwiegermutter die einflussreichste Frau im Leben ihres Mannes war und Politik und Bürokratie immer wichtiger waren als sie selbst.

*Sisi legte bei der Erhaltung ihrer Jugendlichkeit geradezu zwanghaften Eifer an den Tag. Der Erfolg ließ sich auch sehen: Bei einer Körpergröße von 172 cm wog sie zeitlebens nur um die 50 kg und hatte eine Taillenweite von 50 bis 52 cm. Diese Statue in der Hofburg wurde nach ihren authentischen Körpermaßen angefertigt.*

# MERKMALE DER MAGERSUCHT

Elisabeths übermäßige Beschäftigung mit ihrem Aussehen, ihre extreme sportliche Betätigung und ihre Hungerkuren galten lange als Zeichen ihrer Eitelkeit und Unausgefülltheit. Erst seit die Medizin sich ernsthaft mit der Psychosomatik, also dem engen Zusammenhang zwischen Leib und Seele beschäftigt, erweiterte sich die Perspektive. So wissen wir heute, dass es eine Krankheit gibt, die Magersucht heißt und diese, ebenso wie andere Essstörungen, durch tiefe seelische Nöte ausgelöst wird. Sowohl Auslöser als auch Krankheitssymptome sind im Falle Elisabeths feststellbar. Die Ursachen sind sicher in den Erfahrungen ihrer ersten Ehejahre zu suchen.

Symptome der Magersucht sind unter anderem eine problematische Einstellung zur eigenen weiblichen Identität, Verweigerung von Nahrungsaufnahme, außergewöhnliche körperliche Unruhe und übermäßiger Bewegungsdrang sowie eine kulthafte Beschäftigung mit dem eigenen Äußeren. All dies finden wir bei Elisabeth.

Die Entwicklung einer positiven Einstellung zur eigenen weiblichen Körperlichkeit wurde offenbar durch vielfältige Erlebnisse im Keim erstickt. Sowohl mit der Sexualität als auch ihrer Mutterliebe hatte sie nur negative Erfahrungen gemacht. Die ablehnende Haltung gegenüber der weiblichen Geschlechtlichkeit gipfelte bei Elisabeth später in einer allgemeinen Abneigung gegen die Mutterschaft, selbst wenn es sich um die Kinder ihrer eigenen Töchter handelte.

Die körperliche Unrast, die sie nicht einmal beim Lesen oder Lernen still sitzen ließ, versuchte sie durch exzessiven Sport zu bekämpfen. Sie war eine der besten Reiterinnen ihrer Zeit, trieb ausgiebig Gymnastik, ging schwimmen, konnte fechten und unternahm bei jedem Wetter ausgedehnte und anstrengende Wanderungen.

Ihre durch das viele Hungern und den Sport überaus schlanke Figur betonte sie dadurch, dass sie sich nicht nur schnüren, sondern zusätzlich in ihre Kleider regelrecht einnähen ließ. Die bodenlangen Haare wurden in aufwendigen Prozeduren gepflegt, und sie nahm stundenlange Sitzungen in Kauf, um sie sich zu wahren Kunstwerken aufstecken zu lassen. Außerdem nahm sie Bäder in Eselsmilch und ließ sich in der Hofapotheke die vielfältigsten Schönheitsmittel mixen.

*Sisis Ankleideraum in der Hofburg, der mit Turngeräten ausgestattet ist. Täglich trainierte sie hier ihren Körper.*

*In diesem Salon in der Hofburg nahm Elisabeth ihre kargen Mahlzeiten zu sich. Oft bestanden sie aus nicht mehr als gepresstem Fleischsaft, Orangenjuice oder einem Glas Milch.*

*Einer von den oben abgebildeten prunkvollen Fauteuils aus der Nähe. Er ist mit dem so genannten „Ananas-Damast" bezogen, der heute noch für das Schloss Schönbrunn und die Hofburg reproduziert wird. Außerdem findet er international in vielen historischen Bauten als Wandbespannung Verwendung. Der Name stammt von der einer Ananas ähnlichen Musterung, die dieses hochwertige Gewebe in sich trägt. Hergestellt wurde und wird der „Ananas-Damast" vom ehemaligen k. u. k. Hoflieferanten Backhausen in Wien.*

*Elisabeth wog sich dreimal täglich und führte Buch über ihr Gewicht. Ihre schlanke Taille unterstrich Elisabeth gerne mit Figur betonenden Gürteln.*

*Im Toilettezimmer (hier jenes in Schönbrunn) wurde Sisi frisiert und angekleidet, was jeden Tag mehrere Stunden in Anspruch nahm. Diese Zeit nutzte sie vorzugsweise zum Studium der ungarischen und später der griechischen Sprache.*

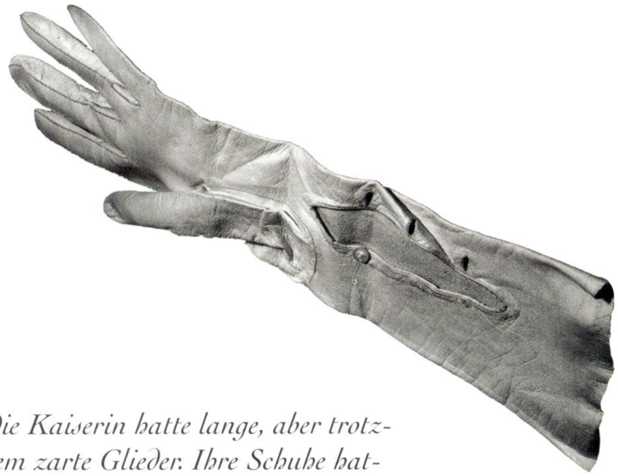

*Die Kaiserin hatte lange, aber trotzdem zarte Glieder. Ihre Schuhe hatten eine Länge von 25 cm (entspricht etwa Schuhgröße 40), waren aber überaus schmal. Ebenso hatte sie lange, feingliedrige Finger.*

*Mit ihrem Wunsch nach einer Badewanne beschwor die Kaiserin in ihrer Zeit einen Skandal herauf, über den sie sich aber hinwegsetzte. Hier begann jeder Tag zwischen 5 und 6 Uhr morgens mit einem kalten Bad und einer anschließenden Massage.*

*Bis ins Alter bewahrte Elisabeth ihre körperliche Energie und Spannkraft. So konnte sie leicht mit dem militärischen Ausschreiten ihres Gemahls mithalten. Hier bei ihrem letzten gemeinsamen Spaziergang in Bad Kissingen im Mai 1898.*

# DIE WENDE – SELBSTBEWUSST UND SCHÖN

In den sechziger Jahren, das heißt, als Elisabeth etwa zwischen 25 und 35 Jahre alt war, war sie zu ihrer vollen Schönheit erblüht. Unterstrichen wurde diese durch ihr Selbstbewusstsein, das sie sich im Laufe der Zeit erworben hatte. Sie war nun eine reife Frau, die sich ihrer Ausstrahlung bewusst war, genoss die Bewunderung ihrer Person und hatte auch die daraus resultierenden Vorteile schätzen gelernt. Nun ließ sie sich nichts mehr vorschreiben und setzte ihre Wünsche auch gegenüber Franz Joseph durch. Er verehrte seine „Engels-Sisi" aus der Distanz, ohne je echten Zugang zu ihrem Wesen zu finden.

Elisabeths Schönheit wurde zum Mythos, und ihre öffentlichen Auftritte zu viel erwarteten Sensationen. Ihre Wirkung erzielte sie aber nicht mit Schminke, Parfum oder sonstigen künstlichen Schönheitsmitteln, die sie allesamt ablehnte. Vielmehr ergab sie sich aus einem faszinierenden Zusammenspiel vieler natürlicher Faktoren: ihre Körpergröße, ihre schlanke und geschmeidige Figur, ihre Haarpracht, ihre Kleider, aber auch ihr majestätisches Auftreten, das sie sich mittlerweile angeeignet hatte.

In dieser Zeit ließ sie sich auch oft und gerne portraitieren, vor allem fotografieren. Sie fühlte sich aber unter Druck gesetzt, dass ihre jugendliche Schönheit in der Erinnerung der Menschen an sie bewahrt bleibe. Als sie die ersten Anzeichen des Älterwerdens bemerkte, zog sie sich zurück. Ab ihrer Lebensmitte ließ sie sich kaum mehr abbilden. Sie begann, ihr Gesicht in der Öffentlichkeit hinter ihrem unvermeidlichen Fächer zu verstecken. Maler, die Portraits von ihr anfertigen sollten, mussten auf die Vorbilder aus dieser Zeit zurückgreifen. Daher lässt sich kaum mehr feststellen, wie sie später wirklich aussah (siehe dazu Seiten 114 + 115 ).

*Sisi im Alter von 26 Jahren.*

*Eine atemberaubende Erscheinung im pelzverbrämten Mantel.*

*Elisabeth ist selbstbewusst geworden, und dies ist ihr anzusehen.*

*So gelöst und mit einem fast verschmitzen*
*Lächeln kennen wir Sisi kaum.*

*Ein solch aufwändiges Kleid entstand, wenn es eilte, unter der Mitarbeit von 30 Schneiderinnen in nur zwei Tagen.*

31. VIII 1894 824

Fol. Wien, I. Albrechtsplatz 3. 6. Juli 1894.

KÖNIGL. ITALIENISCHE HOF-LIEFERANTEN

LIEFERANTEN IHRER DURCHLAUCHT D. FRAU FÜRSTIN PAULINE METTERNICH

LIEFERANTEN IHRER K. HOHEIT D. FRAU PRINZESSIN LOUISE v. SACHSEN COBURG GOTHA

LIEFERANTEN IHRER K.u.K. HOHEIT D. FRAU HERZOGIN v. WÜRTEMBERG

Wilhelm Jungmann & Neffe

k. u. k. Hoflieferanten

Kammer Ihrer Majestät Kaiserin Elisabeth.

Zahlbar in Wien.

1894

1074. Schwarze Serge Toilette mit schwarzer uni Pongis Blouse fl 270.-

Schwarze Serge Mantille 130 fl 400.-

vidi Ferenczy

Wilhelm Jungmann & Neffe Wien, am 12.9.1894

Reclamationen binnen 14 Tagen.

325

*Bei der Auswahl ihrer Garderobe verließen sich Kaiserin Elisabeth und Damen des Hochadels besonders gerne auf die Qualität der Stoffe des k.u.k. Hoflieferanten Wilhelm Jungmann & Neffe. Hier eine Originalrechnung an Elisabeth vom 6. Juli 1894.*

*Die historische Inneneinrichtung des Geschäftes aus dem Jahr 1881 blieb unverändert erhalten. Bemerkenswert ist unter anderem das Deckengemälde von Franz Lefler (1831–1898).*

*Sisi zeigt Taille …*

*… und Haarpracht. Hier präsentiert sich Sisi mit ihrer berühmten „Steckbrieffrisur": Das bodenlange kastanienbraune Haar wurde zu zahlreichen Zöpfen geflochten und wie ein Diadem mit Schleier über den Kopf gewunden.*

*Die meisten ihrer Portraits zeigen die Kaiserin ernst bis melancholisch – ein Spiegelbild ihrer Seele.*

*So strahlend lächeln wie hier Romy Schneider, die die Hauptrolle in den drei berühmten „Sissy"-Filmen aus den fünfziger Jahren spielte, finden wir die echte Kaiserin nie. Jedoch haben diese Filme nachhaltig das süßliche, romantische Bild von Elisabeth geprägt.*

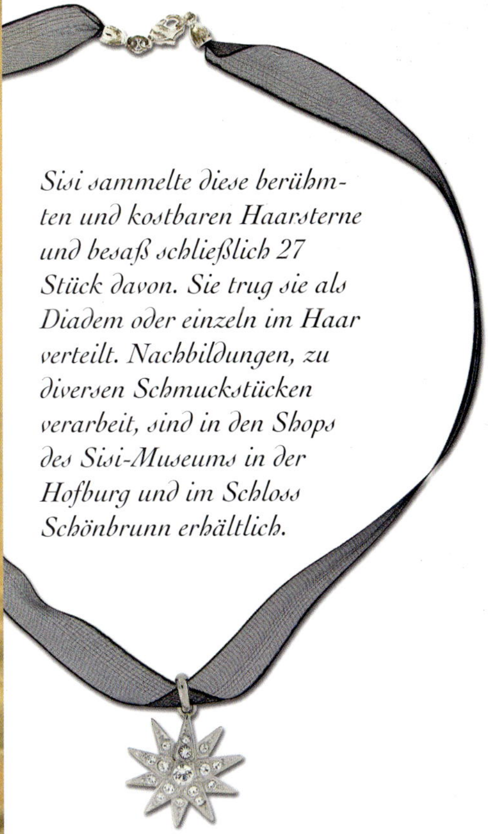

*Sisi sammelte diese berühmten und kostbaren Haarsterne und besaß schließlich 27 Stück davon. Sie trug sie als Diadem oder einzeln im Haar verteilt. Nachbildungen, zu diversen Schmuckstücken verarbeit, sind in den Shops des Sisi-Museums in der Hofburg und im Schloss Schönbrunn erhältlich.*

*Das offizielle der drei berühmten Portraits von Franz Xaver Winterhalter. Diesem Maler stand Sisi ausnahmsweise Modell. Franz Joseph schrieb an seine Mutter: „Die Bilder, die er von Sisi malte, sind sehr charmant geworden und sind die ersten ähnlichen Portraits von ihr."*

*Franz Xaver Winterhalter durfte von der Kaiserin auch zwei für die damalige Zeit sehr intime Portraits malen, nämlich mit offenen Haaren (hier und rechts). Dieses war Franz Josephs Lieblingsbild, das er in seinem Arbeitszimmer in Schönbrunn hängen hatte.*

*Sisis Haare sollen später sogar bis zum Knöchel gereicht haben. Um den Kopf vom Gewicht zu erleichtern und die Kopfschmerzen zu mildern, musste das Haar manchmal für eine Zeitlang auf einem Seil oberhalb der sitzenden Kaiserin aufgehängt werden.*

*In den sechziger Jahren, auf dem Höhepunkt ihrer Schönheit, ließ sich Sisi häufig portraitieren. Bis dahin trug sie gerne Weiß oder helle Farben. Schon rund um ihren dreißigsten Geburtstag wurden die offiziellen Aufnahmen und Bilder weniger und ihre Kleidung immer dunkler. Bald ließ sie sich überhaupt nicht mehr für öffentliche Zwecke fotografieren oder malen.*

*Zu diesem Zeitpunkt wurde auch Schwarz ihre bevorzugte Farbe, und nach dem Tod Rudolfs trug sie überhaupt nur mehr Trauerkleidung. Hier eines der späteren Fotos, als sie Anfang dreißig war.*

# FEUER UND FLAMME FÜR UNGARN

Ein einziges Mal setzte die Kaiserin sich vehement für ein politisches Ziel ein. Dies war der Ausgleich mit Ungarn. Sie liebte das Temperament, die Freiheitsliebe und den Stolz der Ungarn. Um die Mentalität und die Kultur besser zu verstehen, lernte sie sogar die schwierige ungarische Sprache bis zur Perfektion. Es wurde ihr zum Anliegen, dieses Volk mit ihrem Mann zu versöhnen.

Kernpunkt des Problems war die Krönung Franz Josephs, auf die die Ungarn bestanden. Denn damit verbunden war die Wiederbestätigung der ungarischen Verfassung, das heißt, die Bestätigung alter Rechte, die ihnen eine Sonderstellung innerhalb der Monarchie garantierten. Franz Joseph und seine Mutter wollten sich weder mit einer Einschränkung der absoluten Gewalt des Kaisers abfinden noch mit dem Gedanken, dass der Monarch aus Gottes Gnaden gar dem Volkswillen nachgeben sollte. Sophie und Franz Joseph konnten den Ungarn ihre Teilnahme an der Revolution von 1848 nicht verzeihen und waren der Meinung, die Ungarn müssten mit starker Militärgewalt niedergehalten werden. An eine Versöhnung wollten sie nicht glauben. Sisi jedoch brachte sie zustande.

Zwischen dem Anführer der ungarischen Bewegung, Graf Gyula Andrássy, und der Kaiserin entwickelte sich eine große Zuneigung, die auf gegenseitiger persönlicher Faszination und der gemeinsamen Liebe zu Ungarn beruhte. Sie dauerte bis zum Tod Andrássys im Jahre 1890. Entgegen vieler böser Zungen blieb die Freundschaft immer eine platonische.

*Elisabeth trug schon vor dem Ausgleich gerne ungarische Magnatentracht, um ihre Vorliebe für dieses Land zu zeigen.*

# ÉLJEN ERZSÉBET – KÖNIGIN VON UNGARN

Der Wiener Hof und an seiner Spitze Erzherzogin Sophie war nach wie vor gegen die ungarische Bewegung. Elisabeth verstand es aber mittlerweile, ihren Einfluss auf den Kaiser auszunutzen. Sie war abgeklärt genug, um nicht mehr um Liebe und Verständnis zu betteln, sondern suchte als Ersatz für ihren Mangel an persönlichem Glück die Durchsetzung ihrer Wünsche und Ziele. Anfang 1867 hatte sie gewonnen: Der Ausgleich kam zustande, und Ungarn wurde seine alte Verfassung zuerkannt. Aus dem Kaiserreich Österreich war die Doppelmonarchie „Österreich-Ungarn" entstanden.

Einer Krönung stand nun nichts mehr im Wege. Sie fand am 8. Juni 1867 in der Mathiaskirche in Budapest statt und war für Elisabeth einer der bewegendsten Höhepunkte ihres Lebens. Dabei wurde die „Krönungsmesse" aufgeführt, die Franz Liszt für dieses Ereignis komponiert hatte. Die prunkvollen Feierlichkeiten dauerten vier Tage, und das Kaiserpaar bekam Schloss Gödöllö als Geschenk des ungarischen Volkes. Es sollte zu einem von Elisabeths Lieblingsaufenthalten der nächsten Jahre werden.

*Das offizielle Portrait anlässlich der Krönung zur Königin von Ungarn.*

*In der Mathias-Kirche in Budapest fand das glanzvolle Ereignis statt.*

*Die ungarische Krönungstradition schrieb vor, dem König die Krone auf das Haupt zu setzen, der Königin hingegen über die rechte Schulter zu halten. Hier reicht der ungarische Primas dem Ministerpräsidenten Gyula Andrássy die Krone für diese zeremonielle Handlung.*

*Elisabeth im Krönungskleid.*

*Elisabeth und die Familie vor ihrem geliebten ungarischen Schloss Gödöllö.*

*Heute steht das Schloss Besuchern offen.*

*Die wunderschöne Fassade des Geschäftes der renommierten Firma J. & L. Lobmeyr präsentiert sich originalgetreu restauriert im Stil des Historismus aus dem Zeitalter Kaiser Franz Josephs.*

*Das Service „Gödöllö" mit chinesisch inspiriertem Muster wurde von der ungarischen Porzellanmanufaktur Herend für Kaiserin Elisabeth entworfen und dem Namen folgend in ihrem Lieblingsschloss verwendet. Es wird bis zum heutigen Tag in Österreich durch den ehemaligen k.& k. Hoflieferanten J. & L. Lobmeyr in Wien und Salzburg angeboten.*

# DAS „EINZIGE" KIND – MARIE VALERIE

Elisabeth und Franz Joseph hatten sich im Laufe der Jahre völlig auseinander gelebt. Sie empfand dies sicher nicht als Mangel, denn sie war keine sehr sinnliche Frau. Ihr Eheleben war eine Verpflichtung gewesen, und in bezug auf Nachwuchs meinte sie, ihre Aufgabe erfüllt zu haben.

Jedoch belebte ihre Freude über den Ausgleich mit Ungarn auch kurzfristig die Beziehung zu Franz Joseph, und sie gab ihren Vorsatz, nicht mehr schwanger zu werden, für eine Ausnahme auf. Knapp ein Jahr nach der Krönung brachte sie in Budapest ein Mädchen, Marie Valerie, zur Welt. Vom Wiener Hof wurde es boshaft das „ungarische Kind" genannt. Für Sisi war es „die Einzige", weil es ihr einziges Kind war, das sie immer um sich haben und dessen Heranwachsen sie miterleben konnte. Sie nahm Marie Valerie überall hin mit und genoss die Mutterschaft von Herzen: „Jetzt weiß ich es, was für eine Glückseligkeit ein Kind bedeutet – jetzt habe ich schon den Mut gehabt, es zu lieben und bei mir zu behalten."

Die Liebe zu dieser Tochter äußerte sich auch darin, dass Elisabeth sie tatkräftig dabei unterstützte, einer dynastischen Ehe zu entgehen, und ihr Zeit gab, selbst einen Mann zu finden. Die Wahl Marie Valeries fiel auf Erzherzog Franz Salvator, den sie nach zweieinhalb Jahren Prüfungszeit, zu der ihr die Mutter geraten hatte, 1890 heiratete. Der „Verlust" der Tochter an einen Mann schmerzte Elisabeth sehr.

*Die jüngste Tochter Marie Valerie (1868–1924) sah Elisabeth am ähnlichsten. Mit ihr konnte Elisabeth endlich richtiges Mutterglück genießen.*

*Marie Valerie durfte so lange mit einer Eheschließung warten, bis sie sicher war, den Richtigen getroffen zu haben. Sie entschied sich für Erzherzog Franz Salvator.*

*Marie Valerie und Franz Salvator hatten neun Kinder. Hier sind sie mit den ersten drei bei den kaiserlichen Großeltern zu Besuch.*

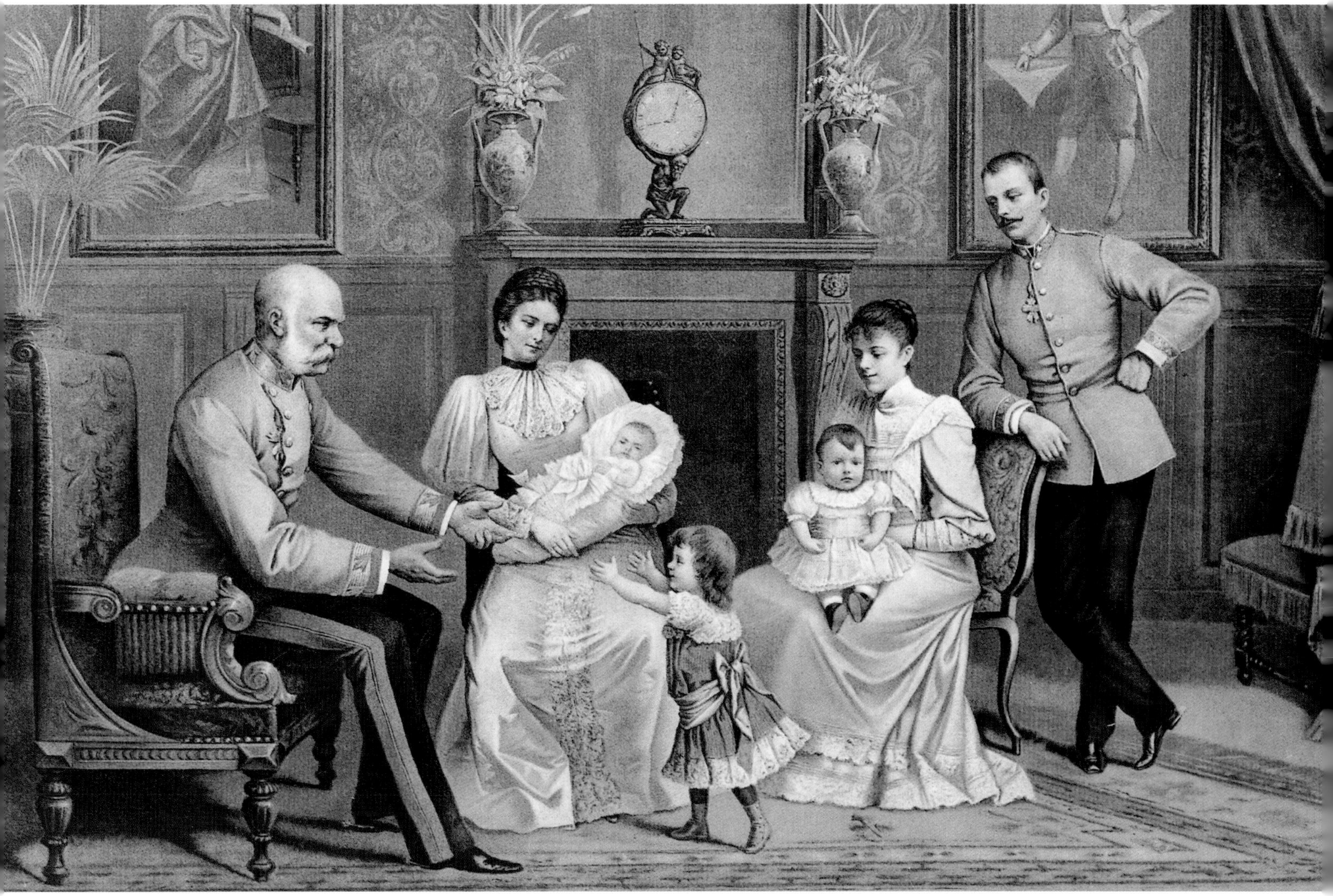

# ELISABETHS WAHRE LEIDENSCHAFTEN – REITEN …

Elisabeths offen gezeigte Vorliebe für Ungarn vergrößerte die Kluft zwischen ihr und dem Wiener Hof immer weiter. Sophies Bevormundung ließ mehr und mehr nach. Vor allem die Hinrichtung ihres zweitältesten Sohnes, des Kaisers Maximilian von Mexiko (1867), hatte ihren eisernen Willen gebrochen, und sie verbrachte die letzten fünf Jahre ihres Lebens sehr zurückgezogen. Elisabeth hätte nun die mächtigste Frau im Reich werden können, sie hatte in dieser Zeit auch großen Einfluss auf ihren Mann. Das alles interessierte sie aber nicht mehr. Die schweren Zeiten und Enttäuschungen in den ersten Ehejahren hatten sie verhärtet, sie wurde immer menschenscheuer, innerlich immer einsamer, immer kühler, immer unnahbarer. Sehr oft reiste sie nach Ungarn, wo sie sich ungezwungener als in Wien fühlte, suchte aber auch wieder den Kreis ihrer Familie in Bayern.

Es begann die Zeit, die sie fast ausschließlich dem Reitsport widmete, und sie verbrachte damit lange Monate in England, Frankreich und Irland. Etwa ein Jahrzehnt sollte dieser gefährliche, weil von ihr mit Besessenheit betriebene Sport ihr Leben fast völlig beherrschen. Sie besaß unzählige der edelsten Reitpferde und trainierte verbissen, oft bis zur völligen Erschöpfung. Dafür war sie sicher die beste Reiterin ihrer Zeit. Sie nahm nicht nur an unzähligen Parforcejagden und Dressurwettkämpfen teil, sondern konnte auch Wagen fahren und übte sich sogar im Zirkusreiten. Zu diesem Zweck ließ sie sich in Gödöllö eine Manege erbauen.

*Sisi im Reitkleid. Auch darin ließ sie sich einnähen. Vor ihren anstrengenden Ausritten nahm sie eine Tasse kräftige Bouillon und zwei Gläser Wein als Stärkung zu sich.*

*Auch bei ihren Ausritten war die Kaiserin eine atemberaubende Erscheinung. Ihre Nichte Marie Wallersee beschrieb sie so: „Elisabeth sah zu Pferd berückend aus. Ihr Haar lag in schweren Flechten um ihren Kopf, darüber trug sie einen Zylinder. Ihr Kleid saß wie angegossen; sie trug hohe Schnürstiefel mit winzigen Sporen und zog drei Paar Handschuhe übereinander; der unvermeidliche Fächer wurde stets in den Sattel gesteckt."*

*Elisabeth konnte mehrspännige Wagen kutschieren und war Meisterin im Vollführen von Zirkuskunststücken.*

*Durch ihre Unerschrockenheit kam es manchmal auch zu gefährlichen Situationen. So etwa, als ihr Pferd einmal in eine schmale Brücke einbrach. Ein Jäger rettete damals die Kaiserin vor dem Absturz in den reißenden Gebirgsfluss.*

*Diesen Hut trug Elisabeth bei einem lebensgefährlichen Sturz in Sassetôt (Normandie) am 11.9.1875.*

# LITERATUR UND SPRACHEN ...

Seichte Unterhaltung, die sich um Hofklatsch oder gesellschaftliche Ereignisse drehte, hatte Elisabeth nie interessiert, und sie hielt sich davon fern. Ihr Schweigen zu diesen Themen trug ihr paradoxerweise den Ruf ein, nicht viel Geist zu besitzen.

In Wirklichkeit war sie eine sehr belesene und hoch gebildete Frau. „Wenn der Tag nur noch einmal so lang wäre; ich kann nicht soviel lernen und lesen, wie ich es gerne möchte." Sie war eine große Verehrerin von Heinrich Heine, liebte Shakespeare, las Schriftsteller und Dichter von Homer bis Goethe, hatte hervorragende Kenntnisse in Geschichte, Mythologie, Philosophie, sprach fließend Englisch, Französisch, Ungarisch und lernte ab dem Ende der achtziger Jahre Alt- und Neugriechisch. Der Hof kam über Theatergeschichten und Pratererlebnisse nicht hinaus, und auch Franz Joseph waren die „Wolkenkraxeleien" seiner Frau unverständlich bis suspekt.

Durch ihre Studien vertiefte Elisabeth ihre grundsätzlich mitmenschliche Haltung zu einer bewusst liberalen demokratischen Einstellung. Für die dünkelhafte Aristokratie hatte sie nur Spott über, der auch seinen literarischen Niederschlag fand. Sie betätigte sich nämlich auch selbst als Dichterin und wollte damit der Nachwelt Einblick in ihre Welt, ihre politischen und privaten Meinungen bzw. ihre Probleme geben. Ihre gesammelten Gedichte, die den ansehnlichen Umfang von etwa 600 gedruckten Seiten aufweisen, hinterließ sie knapp zehn Jahre vor ihrem Tod in der Schweiz mit der Auflage, sie sechzig Jahre später zu veröffentlichen. Sie wurden uns „Zukunftsseelen", für die sie bestimmt waren, in den fünfziger Jahren zugänglich.

*Die Schreibtischgarnitur aus vergoldetem Silber und Lapislazuli, die Sisi verwendete.*

*Gedicht an die Zukunftsseelen (auszugsweise)*

*Ich wandle einsam hin auf dieser Erde,*
*Der Lust, dem Leben längst schon abgewandt;*
*Es theilt mein Seelenleben kein Gefährte.*
*Die Seele gab es nie, die mich verstand.*

*Ich fliehe vor der Welt sammt ihren Freuden,*
*Und ihre Menschen stehen mir heut' fern;*
*Es sind ihr Glück mir fremd und ihre Leiden;*
*Ich wandle einsam, wie auf anderm Stern.*

*Und voll ist meine Seele zum Zerspringen,*
*Das stumme Sinnen ist ihr nicht genug,*
*Was sie bewegt, muß sie in Lieder bringen*
*Und diese senke ich nun in mein Buch.*

*Dies wird sie treu durch Menschenalter wahren*
*Vor Seelen, die sie heute nicht versteh'n;*
*Bis einst, nach langen, wechselvollen Jahren,*
*Die Lieder blühend aufersteh'n.*

# REISEN ...

„Die Reiseziele sind nur deswegen begehrenswert, weil die Reise dazwischen liegt ..." Elisabeths Rastlosigkeit, die sie nicht nur in ihren extremen sportlichen Aktivitäten, sondern in ähnlicher Wiese in alltäglichen Dingen zeigte, lag auch ihren weiten und langen Reisen zugrunde. Meist reiste sie unter einem Pseudonym, um öffentlichen Empfängen und Repräsentationspflichten zu entgehen.

Als Anreiz, in der Nähe des Hofes zu bleiben und trotzdem ihre Sehnsucht nach Unbeobachtetheit zu erfüllen, hatte Franz Joseph ihr inmitten eines weitläufigen Jagdgebietes, des Lainzer Tiergartens im Westen Wiens, die so genannte Hermesvilla erbauen lassen.

Sie selbst trieb mit großem Eifer die Errichtung ihrer Villa „Achilleion" auf der griechischen Insel Korfu voran. Jedoch auch an diesen beiden Orten hielt sie es nie länger als ein paar Tage aus. Auf einer ihrer Jachten, der „Miramare" oder dem „Greif", durchkreuzte sie das Mittelmeer, und im Sonderzug fuhr sie quer durch Europa: England, Irland, Gödöllö, Biarritz, Bad Kissingen, Holland, Korfu, Côte d'Azur, Dresden, Algier, Neapel, Schweiz, Lissabon, Barcelona, Korsika, Griechenland, Mailand ...

*Als Franz Joseph seiner Sisi dieses Reiseservice zur Verlobung schenkte, wusste er nicht, welch schicksalhafte Bedeutung es erlangen sollte.*

*Nach ihrem Lieblingshelden Achill benannte Elisabeth ihre Villa auf Korfu „Achilleion".*

*Das riesengroße Wald- und Wiesengebiet mit Tierpark rund um die nach dem griechischen Gott genannte Hermesvilla ist bis heute erhalten. Elisabeth hielt sich weder oft noch lang hier auf.*

*Das prachtvolle Schlafzimmer in der Hermesvilla. Der damals noch unbekannte Maler Gustav Klimt gestaltete die Wände mit Szenen aus Shakespeares „Sommernachtstraum“.*

*Elisabeth benutzte auf den Reisen innerhalb Europas einen Sonderzug. Diese Bilder zeigen ihren Salonwagen (links) und ihr Schlafabteil (oben).*

# EINKAUFEN ...

Eine Schwäche Elisabeths war das Einkaufen. Dabei legte sie besonders bei Dingen ihres persönlichen Bedarfs höchste Maßstäbe an. Speziell was ihre Kleidung, ihre Körperpflege und ihre Ernährung anging, war sie äußerst penibel darauf bedacht, nur beste Qualität zu bekommen. Dies trug einiges zu ihrem Ruf als exzentrische Persönlichkeit bei.

Einige traditionsreiche österreichische Geschäfte oder Firmen können mit Stolz darauf verweisen, in der Zeit der Monarchie zu den k.(aiserlichen) u.(nd) k.(öniglichen) Hoflieferanten gehört zu haben. Die Verleihung dieser Auszeichnung wurde ziemlich restriktiv gehandhabt und die Auflagen waren hoch: So mussten die Bewerber nicht nur ausgezeichnete Ware oder beste Dienstleistungen bieten, sondern auch tadellose Staatsbürger, persönlich integer und schuldenfrei sein. Es kam aber auch vor, dass Mitglieder des Kaiserhauses von sich aus Betriebe zu Hoflieferanten ernannten, wenn sie mit deren Leistungen zufrieden waren. Kaiserin Elisabeth tat dies zumindest in zwei Fällen. Der Hof kontrollierte das gleich bleibend hohe Niveau und bei Beanstandungen konnte der Titel wieder entzogen werden. Das kaiserliche Wappen, das die ausgezeichneten Betriebe führen durften, garantierte also erstklassige Qualität der Produkte, die auch den Ansprüchen des Hofes gerecht wurden.

*Einige Beispiele ehemaliger Hoflieferanten, deren Ziel es bis heute ist, den hohen Anspruch, den Elisabeth und der Rest des Hofes an sie stellten, zu erfüllen.*

backhausen

interior design

Showroom:
**BACKHAUSEN INTERIOR DESIGN GmbH**
Schwarzenbergstr.10, 1010 WIEN (Vienna) ÖSTERREICH (Austria)
Tel: +43-1-51404-0, Fax: +43-1-51404-62
e-mail: vienna@backhausen.com
www.backhausen.com

Kaiserl. königl. Hof-Vergolder

C. BÜHLMAYER

**Rahmen - Spiegel**
A-1010 Wien, Michaelerplatz 6
Telefon 0043-1-533 10 49, Fax 0043-1-535 49 60
www.buehlmayer.at

Confectioner and Purveyor to his Majesty the Emperor of Austria and Menager of the Buffet at the Imp. Roy. Opera-House.

Confiseur de la cour J. R. d'Autriche et Fournisseur des Buffets de l'Opera.

A. GERSTNER

K. u. K. HOF-ZUCKERBÄCKER

Wien

I. Bez. Kärnthnerstrasse 15
nächst dem Stock im Eisen-Platz

KAIS. u. KÖNIGL.
HOF- u. KAMMERLIEFERANTEN
GEGRÜNDET 1866.

Wilhelm Jungmann & Neffe

SEIDEN- u. WOLLSTOFFE

A-1010 Wien, Albertinaplatz 3
Telefon 0043-1-512 18 75, Fax 0043-1-512 14 65

LOBMEYR®

1823

Kärntnerstraße 26, A-1015 Wien
Tel.: +43-1-512 05 08, Fax: +43-1-512 05 08 85
Filiale: Schwarzstraße 20, A-5020 Salzburg
e-mail: lobmeyr@compuserve.com

# DIE LAST DER KRONE

Zu Elisabeths unerträglichsten Erfahrungen gehörte seit ihrem ersten Tag in Wien von tausenden Augen angestarrt zu werden und ihr Dasein als „Allgemeingut". Ebensowenig konnte und wollte sie sich an das steife Hofzeremoniell gewöhnen, dessen Sinn sie nicht anerkannte. Außerdem fand sie kein Vergnügen an oberflächlichen Unterhaltungen und hohlen Phrasen. All dies führte zu einer fast unüberwindlichen Abneigung gegen jegliches öffentliche Auftreten. Wo immer sie konnte, entzog sie sich diesen Gelegenheiten, entweder durch gänzliche Abwesenheit von Wien oder durch mehr oder weniger durchschaubare Ausreden.

Repräsentationsverpflichtungen ertrug sie nur mehr, wenn diese absolut nicht zu vermeiden waren. Und es war ihr anzusehen, wie sehr sie dabei litt, „im Geschirr" (wie sie ihre Auftritte in großer Toilette bezeichnete) auf dem Präsentierteller zu stehen. So etwa, als ihre 16-jährige Tochter Gisela heiratete. Sisi war damals 35 Jahre alt und nicht begeistert von der Aussicht, bald Großmutter zu werden. Bei der Wiener Weltausstellung von 1873 zeigte sie sich eher wenig, ebenso wie sie im selben Jahr nur zwei Tage an den Feierlichkeiten zum 25-jährigen Regierungsjubiläum des Kaisers teilnahm. Der prächtige Festzug, der anlässlich der Silberhochzeit des Kaiserpaares (1879) vom berühmten Maler Hans Makart organisiert wurde, ließ die Kaiserin recht unberührt. Sie meinte: „Schon genug, 25 Jahre verheiratet zu sein – deswegen Feste zu feiern, ist unnötig."

*Die Große Galerie in Schönbrunn war bei Galadiners von 1000 Kerzen beleuchtet, die Tafel hatte eine Länge von 30 Metern.*

*Schon Familiendiners, wie sie etwa an dieser prächtig gedeckten Tafel in der Hofburg stattfanden, waren für Elisabeth eine Belastung.*

*Die Silberhochzeit des Kaiserpaares im Jahr 1879. Elisabeth war nicht danach zumute, 25 Jahre Ehe, in der sie sich so wenig wohl fühlte, auch noch zu feiern.*

*Eine solche Brosche (oben) erwarb Elisabeth auf der Weltausstellung 1873. Zum 25-jährigen Hochzeitstag schenkte ihr Franz Joseph ein Armband, von dem hier ein Detail zu sehen ist (unten).*

*Eines der Lieblingsvergnügen der Kaiserin war es, dem Hofalltag mit seinem Prunk und seiner Etikette zu entfliehen und unerkannt ganz normale Dinge zu tun, wie etwa einen Einkaufsbummel zu unternehmen.*

*Bei solchen Gelegenheiten kehrte Elisabeth auch gerne in einer Zuckerbäckerei ein. Allen Diäten zum Trotz konnte sie Süßigkeiten zeitweise nicht widerstehen und aß oft erstaunliche Mengen davon auf einen Schlag.*

*Ganz besonders liebte sie kandierte Veilchen aus der k. & k. Hofzuckerbäckerei Gerstner. Diese werden noch heute nach alter Tradition hergestellt und bei Gerstner angeboten.*

*Mit einem Fächer oder einem Sonnenschirm versuchte Elisabeth sich vor aufdringlichen Blicken zu schützen.*

# ELISABETH ALS POSTILLON D'AMOUR FÜR FRANZ JOSEPH

Die Hintergründe dafür, warum ausgerechnet Kaiserin Elisabeth ihrem Mann eine Begleiterin suchte, werden wohl nie ganz ergründet werden. War es Mitleid mit ihrem alternden Mann oder ein schlechtes Gewissen darüber, dass sie ihn so oft alleine ließ? Oder wollte sie sich damit noch unabhängiger von ihm machen? Tatsache ist jedenfalls, dass sie selbst den Kontakt zwischen dem Kaiser und der Burgschauspielerin Katharina Schratt herstellte und die Bekanntschaft der beiden tatkräftig unterstützte. Sicher hatte sie dabei keine Ahnung von Franz Josephs Verhältnis zu der Bürgerlichen Anna Nahowski, das 1875 begonnen hatte und das sich um vier Jahre mit der Freundschaft zu Katharina Schratt überschnitt, bevor er die Beziehung beendete.

Der Kaiser war heftig verliebt in die um 23 Jahre jüngere Schauspielerin. Wie weit diese Romanze ging, lässt sich nicht mit Gewissheit sagen. Jedenfalls blieb „die Freundin" über dreißig Jahre lang die Vertraute des Kaisers. Möglicherweise gingen die beiden nach dem Tod ihrer Ehepartner eine Gewissensehe ein. Dokumente, die darüber Aussage geben hätten können, gingen 1945 beim Brand des Stephansdoms verloren.

*Mit Anna Nahowski hatte Franz Joseph 14 Jahre lang ein Verhältnis. Sie trafen sich im Schlosspark von Schönbrunn oder in Annas Haus in der Maxingstraße, die entlang der Schlossmauer führt. In unmittelbarer Nähe befindet sich übrigens die Villa, die Katharina Schratt bewohnte*

*Annas Tochter Helene war Franz Josephs Kind. Sie heiratete später den berühmten Komponisten Alban Berg.*

*Die Burgschauspielerin Katharina Schratt war drei Jahrzehnte „die Freundin" des Kaisers. Elisabeth war bereits über jedes Eifersuchtsgefühl erhaben und hatte die Bekanntschaft selbst herbeigeführt.*

*Franz Josef liebte die Spaziergänge und Plaudereien mit der bodenständigen und herzlichen Frau Schratt.*

# DIE TRAGÖDIE VON MAYERLING

Ein Schicksalsschlag nahm Elisabeth den letzten Rest an Lebensmut: Am 30. Jänner 1889 schied ihr einziger Sohn, Kronprinz Rudolf, freiwillig aus dem Leben und nahm dabei seine 17-jährige Geliebte, Baronesse Mary Vetsera, mit in den Tod. Die Tragödie ereignete sich in Rudolfs Jagdschloss Mayerling im südlichen Wienerwald und traf alle, auch die engsten Familienmitglieder, vollkommen unerwartet. Niemand kannte die vielfältigen Probleme des Thronfolgers, geschweige denn hätte jemand an ernste Selbstmordabsichten gedacht. Rudolf hinterließ seine Gemahlin, die vormals belgische Prinzessin Stephanie, und eine Tochter, die kleine Erzherzogin Elisabeth.

*Mary Vetsera kurz vor ihrem tragischen Ende. Für Rudolf war sie nur eine seiner zahlreichen Liebschaften. Sie war jedoch glühend in den Kronprinzen verliebt und daher auch bereit, mit ihm in den Tod zu gehen. Um Aufsehen zu vermeiden, fand ihre Beerdigung bei Nacht in aller Heimlichkeit und ohne Einsegnung am nahen Friedhof von Heiligenkreuz statt.*

*Die Aufbahrung des 31-jährigen Kronprinzen Rudolf. Der Kopfverband kaschiert seine Schussverletzung.*

*Seine junge Witwe Stephanie mit dem einzigen Kind, der Erzherzogin Elisabeth. Diese schloß sich nach dem Ende der Monarchie der sozialdemokratischen Bewegung an und ging als die „Rote Erzherzogin" in die Geschichte ein.*

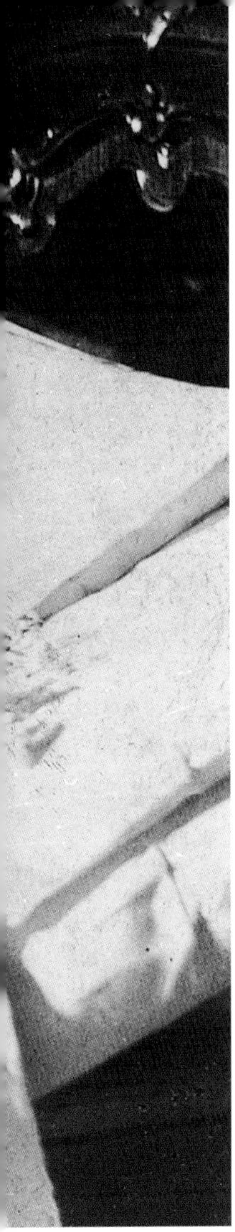

*Rudolfs Beisetzung in der Kaisergruft unter der Wiener Kapuzinerkirche. Der Arzt, der die Autopsie durchzuführen hatte, bescheinigte Rudolf Unzurechnungsfähigkeit zum Zeitpunkt seines Selbstmordes. Dies ermöglichte ein kirchliches Begräbnis.*

*Elisabeth in Trauerkleidung im Alter von 57 Jahren. Da sie sich ab ihrer Lebensmitte nicht mehr für offizielle Zwecke portraitieren ließ, benutzen Maler Bilder der jungen Kaiserin als Vorlage. So entstand auch dieses Gemälde von Armin Horowitz.*

*Selbst zur Tausendjahrfeier ihres geliebten Ungarns 1896 trug sie schwarze Magnatentracht und erschien teilnahmslos und unendlich traurig inmitten der feierlichen Zeremonie.*

*Ein Schnappschuß aus den letzten Lebensjahren der Kaiserin, aufgenommen während eines Aufenthaltes in Territet (Schweiz).*

# GEWALTSAMER TOD IN GENF

Am 10. September 1898 setze der italienische Anarchist Luigi Lucheni in Genf Elisabeths Leben ein Ende. Er stach ihr eine Feile ins Herz, als sie sich auf dem Weg zur Schiffsanlegestelle befand. Kurze Zeit sah alles halb so schlimm aus: Der Einstich war so klein, dass er übersehen wurde, und alle Beteiligten glaubten an einen einfachen Faustschlag. Die Kaiserin erhob sich wieder und ging an Bord des Schiffes. Erst dort brach sie zusammen und starb. All dies geschah nur wenige hundert Meter vom Hotel „Beau Rivage" entfernt, in dem sie übernachtet hatte.

Ihr gewaltsamer Tod birgt noch eine besonders tragische Komponente: Eigentlich hatte es Lucheni auf den Prinzen von Orléans als Vertreter der ihm verhassten Aristokratie abgesehen gehabt. Dieser jedoch sagte seine geplante Reise nach Genf ab. Statt dessen wurde der Genfer Zeitung zugesteckt, dass sich die Kaiserin von Österreich zu Besuch befand, obwohl sie unter dem Pseudonym einer Gräfin von Hohenembs reiste. Da es dem Attentäter nicht um eine bestimmte Person ging, sondern nur darum, der Aristokratie an sich einen Schlag zu versetzen, erwählte er nun die österreichische Kaiserin als sein Opfer.

Ihre letzte Ruhe fand Elisabeth in der Wiener Kapuzinergruft, der traditionellen Begräbnisstätte der kaiserlichen Familie. Ihr Sarkophag ruht neben dem ihres Sohnes und dem ihres Gemahls.

*Portraitskulptur der toten Kaiserin von Robert Weigl. Ein Jahr nach ihrer Ermordnung bestellte der Hof den eleganten Rahmen für eine Fotographie davon beim heute noch existierenden k.k. Hofvergolder und Rahmenmacher C. Bühlmayer im Michaelerdurchgang.*

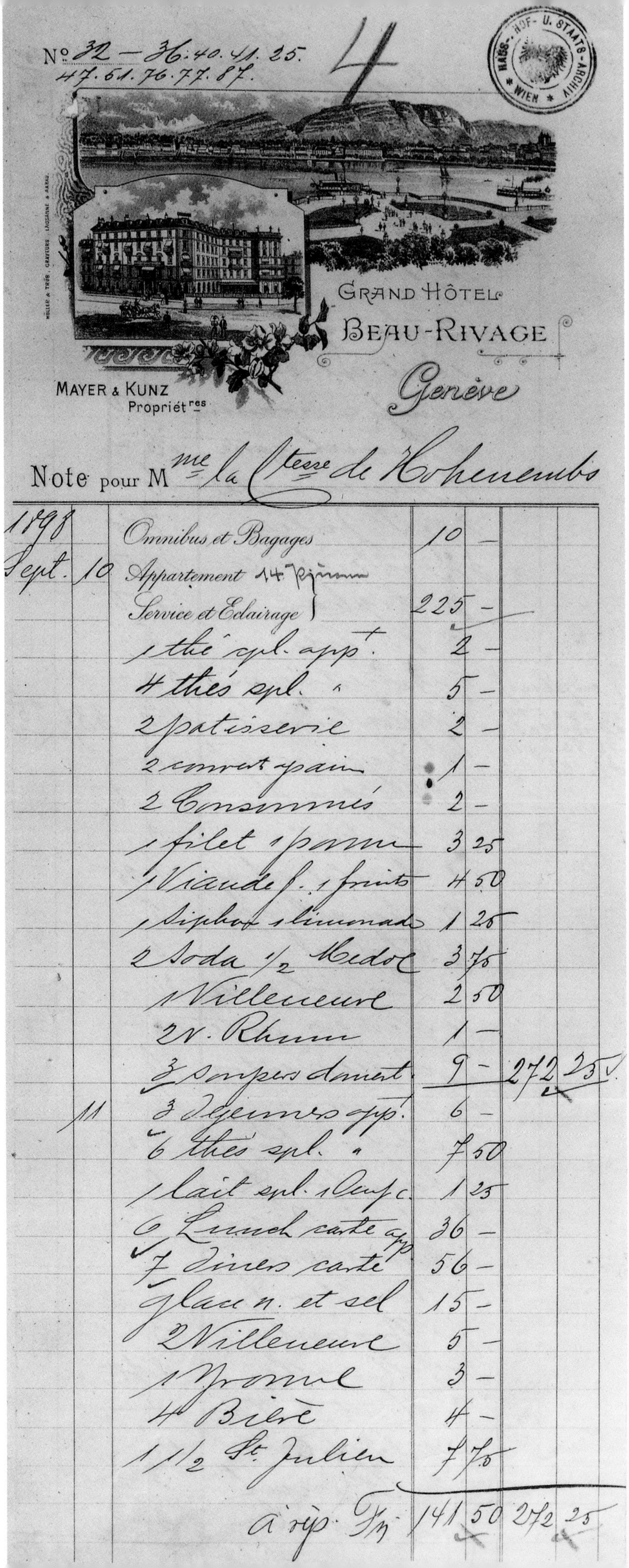

No 32 – 36. 40. 41. 25. 47. 61. 76. 77. 87.

4

HAUS- HOF- U. STAATS-ARCHIV WIEN

GRAND HÔTEL BEAU-RIVAGE

Genève

MAYER & KUNZ Propriét^res

Note pour Mme la Ctesse de Hohenembs

| | | | | | | |
|---|---|---|---|---|---|---|
| 1898 | | Omnibus et Bagages | 10 | – | | |
| Sept. | 10 | Appartement 14 pièces | | | | |
| | | Service et Eclairage | 225 | – | | |
| | | 1 thé spl. app. | 2 | – | | |
| | | 4 thés spl. | 5 | – | | |
| | | 2 patisserie | 2 | – | | |
| | | 2 couvert-pain | 1 | – | | |
| | | 2 Consommés | 2 | – | | |
| | | 1 filet 1 pomme | 3 | 25 | | |
| | | 1 Viande f. 1 fruits | 4 | 50 | | |
| | | 1 Siphon 1 limonade | 1 | 25 | | |
| | | 2 Soda 1/2 Medoc | 3 | 75 | | |
| | | 1 Villeneuve | 2 | 50 | | |
| | | 2 v. Rhum | 1 | – | | |
| | | 3 soupers dîners | 9 | – | 272 | 25 |
| | 11 | 3 déjeuners app. | 6 | – | | |
| | | 6 thés spl. | 7 | 50 | | |
| | | 1 lait spl. 1 oeuf c. | 1 | 25 | | |
| | | 6 Lunch carte app. | 36 | – | | |
| | | 7 dîners carte | 56 | – | | |
| | | glace n. et sel | 15 | – | | |
| | | 2 Villeneuve | 5 | – | | |
| | | 1 Pommard | 3 | – | | |
| | | 4 Bière | 4 | – | | |
| | | 1 1/2 St. Julien | 7 | 75 | | |
| | | à rep. Frs | 141 | 50 | 272 | 25 |

*Die Rechnung des Genfer Hotels „Beau Rivage" an Kaiserin Elisabeth, ausgestellt unter ihrem Pseudonym „Comtesse von Hohenembs" am Tag ihrer Ermordung.*

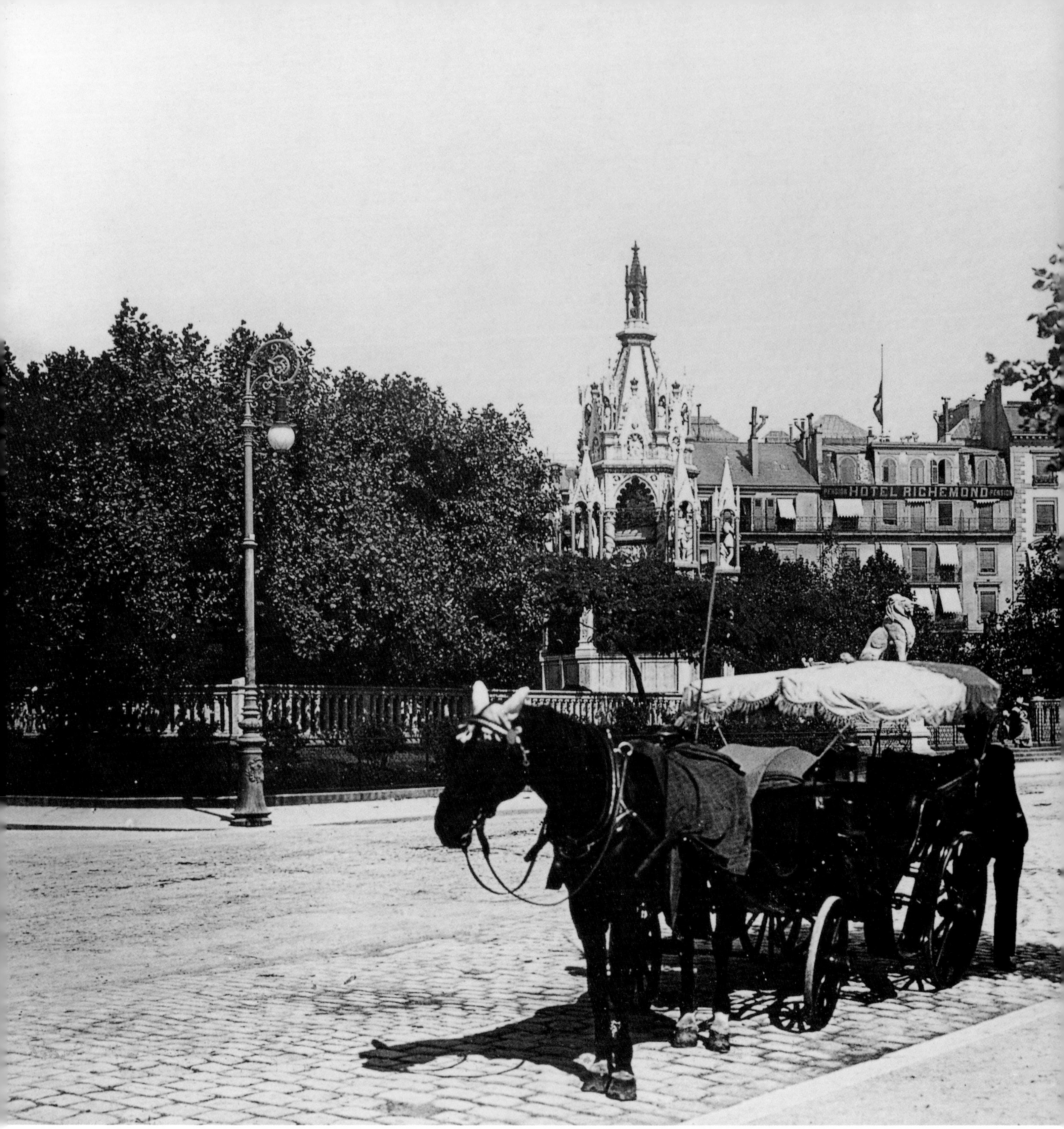


*An der Stelle, die im rechten unteren Bildeck zu sehen ist, stach Luigi Lucheni der Kaiserin die Mordfeile ins Herz.*

*Sichtlich zufrieden über seine Tat, lässt sich der Mörder abführen. Sein Schlag gegen das Establishment ist ihm gelungen. Wen er dabei getroffen hat, ist ihm eigentlich gleichgültig. Er wurde zu lebenslanger Haft verurteilt und erhängte sich nach elf Jahren Gefängnis in seiner Zelle.*

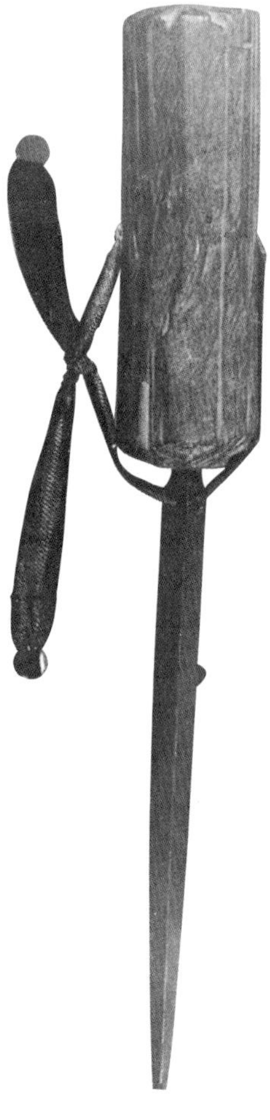

*Das Kleid, das Sisi bei ihrer Ermordung trug. Die Einstichstelle der Feile in der Herzgegend ist deutlich zu erkennen.*

*Die Überführung der Kaiserin nach Wien beginnt. Hier wird der Sarg aus dem Hotel „Beau-Rivage“ getragen.*

*Die feierliche Verabschiedung am Genfer Bahnhof.*

*Elisabeths Aufbahrung in der Wiener Hofburgkapelle.*

LEOPOLD
Otto
Marie Josepha
K.K. LANDWEHR
E. Zimmer
Wien, 16. Sept 1898

*Dieser Leichenwagen wurde von acht Rappen gezogen und brachte außer Kaiserin Elisabeth und Kaiser Franz Joseph auch Kronprinz Rudolf sowie 1989 die letzte österreichische Kaiserin Zita zur Bestattung in die Kapuzinergruft.*

*Elisabeths Sarkophag ist links zu sehen, in der Mitte erhöht der Franz Josephs und rechts der von Kronprinz Rudolf.*

*Marmordenkmal der Kaiserin im Wiener Volksgarten. Es wurde 1907 im Beisein des 77-jährigen Kaisers enthüllt.*

## Ein paar Tipps, wenn Sie auf Sisis Spuren wandeln und noch mehr über sie erfahren oder einfach ein Souvenir mitnehmen möchten:

**Schloss Schönbrunn:** In den Schauräumen der kaiserlichen Sommerresidenz können Sie nicht nur den Prunk der öffentlichen Hofhaltung bei Empfängen, Zeremonien oder Bällen seit der Zeit Maria Theresias nachempfinden, sondern erhalten auch Einblick in die Privaträume und den Alltag Elisabeths und Franz Josephs.

Eine weitere Attraktion sind die unter dem Namen „Schönbrunn Erleben" veranstaltete Spezialführungen. In zeitgenössischer Kleidung können Kinder und Jugendliche den Alltag der kaiserlichen Sprösslinge nachvollziehen, die Bedeutung der Fächersprache lernen und vieles mehr. Außerdem faszinierend für Jung und Alt: das neue Erlebnis-Labyrinth beim barocken Irrgarten.

Besuchen Sie folgende gut sortierte Shops im Bereich von Schönbrunn, wo Sie weitere Bücher zum Thema Elisabeth und edle Geschenkartikel finden:

- im Anschluss an die Schauräume
- links vom Haupteingang – Tabaktrafik

**Hofburg:** Nach einem Rundgang durch die Silberkammer erwartet Sie das Sisi Museum, in dem der "Mythos Sisi" abseits gängiger Klischees inszeniert ist. Neben berühmten Portraits sowie einer lebensgroßen Statue, die nach ihren originalen Maßen gefertigt wurde, wagt das Museum mit einer Vielzahl persönlicher Objekte, wie Fächer, Schmuckstücke und Kleider der Kaiserin auch einen durchaus kritischen Blick auf die berühmte Monarchin. Im Anschluss daran gelangen Sie in die Kaiserappartements, die historisch authentischen Wohnappartements von Kaiser Franz Joseph und Kaiserin Elisabeth. Im Toilette- und Turnzimmer können Sie bis heute die Turngeräte der sportlichen Kaiserin sehen, im Badezimmer Elisabeths Badewanne.

Auch hier finden sie eine große Auswahl an schönen Souvenirs in den Shops im Eingangsbereich bei der Silberkammer und am Ende der Tour durch die Kaiserappartements.

Hofmobiliendepot
Möbel Museum Wien
Imperial Furniture Collection

**Kaiserliches Hofmobiliendepot:** Neben vielen anderen Inventarstücken des kaiserlichen Haushaltes über die Jahrhunderte sind hier Elisabeths Waage, auf der sie täglich ihr Gewicht kontrollierte, die Wiege des Kronprinzen Rudolf und die Einrichtung des Arbeitszimmers von Kaiser Franz Joseph zu sehen.

**Hermesvilla:** Ein Spaziergang durch den wunderbaren Lainzer Tiergarten bringt Sie zu dieser Erinnerungsstätte. In der Villa finden jährlich wechselnde Ausstellungen über Kaiserin Elisabeth selbst oder zu ihr in Bezug stehende Themen statt.

BAD ISCHL
ZENTRUM
Kaiservilla.

**Kaiservilla in Bad Ischl:** Hier residierte Kaiser Franz Josef I. mit seiner Gattin Elisabeth während der Sommermonate. Sie erleben noch heute das persönliche Ambiente des Kaisers in unverändert gebliebenem Zustand. Öffnungszeiten: 1.Mai - Mitte Oktober (10.00 - 16.45 Uhr)

GÖDÖLLÖ
KÖNIGLICHES SCHLOSS

**Schloss Gödöllö** (ca. 30 km östlich von Budapest): Hier fühlte Sisi sich glücklich und frei. Das Schloss, das nach dem 2. Weltkrieg dem Verfall preisgegeben war, erstrahlt heute renoviert in altem Glanz und kann seit 1996 wieder besucht werden. Als Dauerausstellung können der Prunksaal und die rekonstruierten königlichen Appartements, sowie die Elisabeth-Gedenkausstellung besichtigt werden. Außerdem finden das ganze Jahr über diverse kulturelle Veranstaltungen wie Konzerte, Theateraufführungen, Märkte und Ausstellungen statt und die die Räumlichkeiten oder der Garten können für geschäftliche oder private Events gemietet werden.

**Bildquellennachweis:**

Österreichische Nationalbibliothek:
7, 9, 20, 24, 25, 37, 39, 43, 45 rechts, 53 oben, 55, 60, 61, 62, 64, 65, 66 unten, 71, 73, 76, 78/79, 83 unten, 84, 85, 88 oben, 88 unten, 89 oben, 90, 96, 97, 104, 105, 107 rechts, 109, 113, 114, 115 beide, 117, 118, 120 rechts, 121, 122, 123

Wien Museum:
8 unten, 11, 14, 18, 22, 31 oben, 33, 34, 35, 36, 40, 41, 56, 58/59, 66 oben, 70, 80 oben, 82, 83 oben, 86, 95, 102 rechts, 106, 108, 110, 111, 112 oben, 112 unten, 119

Kunsthistorisches Museum Wien:
13, 15, 17, 28, 31 unten, 57, 67 links, 69, 124 unten

Archiv für Kunst und Geschichte Berlin:
32

Münchner Stadtmuseum:
8 oben

Münchner Stadtmuseum, Fotoabteilung:
45 links

Ungarisches Nationalmuseum Budapest:
51 oben, 51 unten, 89 unten, 120 links

Sammlung Fürst Thurn und Taxis:
68

Kaiservilla Besichtigungsbetriebsges.m.b.H.
12

ÖW/Trumler:
16, 19, 29, 75, 101 oben

ÖW/Simoner:
23

ÖW/Kalmar:
26 oben

ÖW/Markowitsch:
94

ÖW/Wiesenhofer:
100

ÖW/Muhr:
124 oben

ÖW/Haider:
125

SSBK:
27
SSBK/J. Wagner:
47, 50 oben, 54, 101 unten

SSBK/M. Haller:
49, 52

SSBK/Haiden u. Baumann:
91, 92,

Alban Berg - Stiftung:
107 links

Ungarisches Tourismusamt:
72, 74, 77

Griechische Zentrale für Fremdenverkehr:
93

Schloßverwaltung Gödöllö:
80 unten

Museums Collection:
44, 102 links oben, 102 links unten

Julius Meinl:
98, 103 oben

Lobmeyr:
81 oben, 81 unten

Backhausen:
50 unten

Jungmann & Neffe:
63 oben, 63 unten

Gerstner:
103 Mitte, 103 unten

C. Bühlmeyer:
116

Privatbesitz, Deutschland:
53 unten

Zentrum für Aussergewöhnliche Museen (ZAM), München:
6

Schatzkammer Maria Taferl
21

Schloss Schönbrunn Kultur- und Betriebsges.m.b.H.
67 rechts

Renate Hofbauer
26 unten

Quellenangaben zu den Gedichten:
S. 10 und 91: Kaiserin Elisabeth, Das poetische Tagebuch. Brigitte Hamann (Hrsg.in) 1997, Wien: Verlag der Österreichischen Akademie der Wissenschaften.
S. 23: Brigitte Hamann, 1996, Elisabeth. Kaiserin wider Willen. München: Piper